Hellena Spillner
Einfach darum

Texte und Gedanken

Impressum

Bibliografische Information der Deutschen Nationalbibliothek:
Die Deutsche Nationalbibliothek verzeichnet diese Publikation in der Deutschen Nationalbibliografie; detaillierte bibliografische Daten sind im Internet über http://dnb.dnb.de abrufbar.

© 2023 Hellena Spillner

Herstellung und Verlag: BoD – Books on Demand, Norderstedt

ISBN: 978-3-7431-3699-1

Für alle, die (sich) auch mal so fühlen.

Inhaltsverzeichnis

Frühjahrsputz	9
Forderungen	13
Denkmal	15
Die Muse	17
Suche	23
Es wird immer schlimmer	29
Es ist Mai	33
Kopfzerbrechen	35
Ein Lebensgefühl	43
Der Friedhof der verpassten Chancen	47
Worte	51
Mein Kopf	57
Hier Titel einfügen	61
Novembergrau	67
Liebe Liebe	75
Sommertag	85

Frühjahrsputz

Die Sonne macht meine müden Finger munter und lässt in meinem Kopf eine Wiese voll mit Ideenblumen wachsen. Sie malt auf meine winterblasse Haut rotbraune Sommersprossen, die an meinen Mundwinkeln langsam hinaufklettern. Zu ihnen gesellt sich Frühlingsmusik:
Ein kleines Windrauschen in Büschen und Bäumen, die langsam grün werden.
Der zarte Versuch eines Vogels gegen die Morgenkälte anzusingen.
Das leise Knistern des letzten Holzes im Ofen.
Die ersten Fahrradklingeln und die ersten Schreie kleiner Kinder, die über den Winter das Fahrradfahren verlernt haben.
Ich höre in allem Frühlingsmusik.
Sie schmeichelt meinen Ohren und sucht langsam behutsam den sicheren Weg zu meinem Herzen. Setzt sich, nimmt sich einen Keks und fühlt sich zu Hause.
Dann guckt sich die Musik um. Lässt sich vom Blut durch meine Arme und Beine treiben, verbreitet ein wohliges Gefühl von Aufbruch, bis sie im Kopf einen Zwischenstopp einlegt. Viel ist hier liegengeblieben in der letzten Zeit. Die Musik nimmt den drogenabhängigen Hamster, genannt Depression, an die Hand und tanzt mit ihm ringelrein.

Mir wird schwindelig. Ich muss lachen. Nach dem Lachen kommt ein Grinsen. Meine Muskeln sind das nicht mehr gewohnt. Lieber Lachfältchen als Sorgenfalten, denke ich und muss noch mehr grinsen. Ich bin über 30. Da hat man nur kleine Fältchen und Muskelkater vom Grinsen in den Wangen. Das ist eigentlich traurig, aber fürs Weinen habe ich keine Tränen mehr.
Währenddessen atmen meine Lungen Frühlingsluft. Sie schmeckt nach dem letzten Schnee und den ersten Grillversuchen überschwänglicher junger Männer. Nach Regen, Sturm und Schneeglöckchen.
Ich merke, wie die Luft des Frühlings erst meine Kehle, dann meine Bronchien kitzelt. Ich muss husten – Erkältung – normal für diese Jahreszeit. Es ist eine schöne Erkältung, eine mit Frühlingsluft.
Die Frühlingsluft und Frühlingsmusik treffen sich. Sie sind alte Bekannte und freuen sich über das Wiedersehen nach einem Jahr. Sie schmieden gemeinsam Pläne:
Von Reisen und Liebe, Sonne und Büchern, Abenteuern und Blicken, Nächten, Tänzen und Berührungen.
Den leichten Halsschmerz scheinen sie nicht zu bemerken. Er schleicht sich an ihnen vorbei und ist raus – weil er merkt, dass er hier nichts mehr zu finden hat, dass hier etwas Großes geplant wird, im Stillen.

Die Musik und der Duft des Frühlings fangen an
zu renovieren. Räumen auf und schmeißen die
alten Gedanken raus. „Die nehmen nur Platz
weg!", sagen sie und warten auf die Müllabfuhr.
Dann wird im Wunderland der Erwartungen
eingekauft:
Ein buntes Bild hier,
ein neues Gedächtnisregal da.
Rahmen für neue Erinnerungen.
Einmachgläser für neue Gerüche.
CD-Regale für die Soundtracks des neuen Jahres.
Und Panzerband fürs Herz, falls es doch noch
einmal bricht, zur Vorsicht.
Vorhängeschlösser für die Ängste, damit die nicht
so schnell rauskommen und Leckerlis für den
Mut zum Locken.
Schokolade für die Seele, bunte Brillen für trübe
Tage und eine Lupe, um auch die kleinen Wunder
erkennen zu können.
An der Kasse bezahlen sie mit einem Lächeln und
den Sorgen des letzten Jahres.
Es gibt Treuepunkte für den Sommerurlaub im
Kopf. Zwei Bonusheftchen haben sie schon voll.
Es hat sich gelohnt.
Aber ein Frühjahrsputz lohnt sich immer, von
außen und von innen.

Forderungen

Das leere Blatt
schrei(b)t mich an,
will einen Liebesbrief von mir,
einen Lebensplan,
eine Ankündigung,
ein Versprechen.
Will keine Ausreden,
keine Entschuldigungen.
Will mich
hier
heute
jetzt
im Hier und Jetzt – heute.
Das leere Blatt fordert.
Mich-
Heraus-
meine Ideen.
meine Zeit.
Heraus aus meinem Kopf.
Hinein in die Welt.

Das leere Blatt
schrei(b)t mich an:
Benutze mich,
erzähle mir deine Geschichte.
Erzähl mir unsere Geschichte.
Gib mir einen Namen.
Gib mir deinen Namen.
Gib dich hin und

gib dich mir.

Es fordert mich heraus
aus meinen Grenzen,
meiner Komfortzone.

Es fordert mich auf
zum Tanz mit meinen eigenen Dämonen
am Rande des Abgrundes
auf dem Boden der Tatsachen
den Kopf in den Wolken.

Das leere Blatt
schrei(b)t mich an
Und ich antworte ihm.
Zögerlich
langsam
ängstlich.
Doch ich antworte.

Ich antworte ihm:
Ich bin hier
Heute
Jetzt.
Ich bin hier bei dir
Ich bin dein.

Denkmal

Ich baue dir ein Denkmal.
Baue es auf Erinnerungen.
Baue es in meinem Gedächtnis,
zum Stützen meiner Gedanken.

Baue kein Mahnmal,
keinen Gedenkstein,
kein Monument.
Das passt nicht zu dir.
Das wird dir nicht gerecht.

Ich baue ein Denkmal für dich.
Ich baue ein Denkmal für dich, das leise ist.
Von keinem allgemeineren Interesse.
Das mehr ist als eine Statue,
die irgendwann verwittert.
Mit einem Namen,
den irgendwann keiner mehr kennt.

Ich baue dir ein Denkmal.
Sammle Geschichten,
Bilder,
Gefühle und
Erinnerungsfetzen.
Klebe sie zusammen zu einem Kunstwerk,
damit ich dich nicht vergesse.

Ich baue dir ein Denkmal.
Für mich ganz allein.

Ich baue es auf den Wurzeln meines Lebens,
auf dem Grund meines Seins.

Ich baue dir ein Denkmal,
weil du schon weg bist.
Vorangegangen
dahin, wohin wir alle einmal gehen werden.

Ich baue dir ein Denkmal.
Ich baue ein Denkmal für mich,
weil ich hiergeblieben bin und mich erinnern will.
Baue es auf Erinnerungen.
Baue es in meinem Gedächtnis,
zum Stützen meiner Gedanken.
Baue kein Mahnmal,
keinen Gedenkstein,
kein Monument.
Ich baue es für dich und mich.
Und alle, die dich kennen.
Die sich erinnern.

Die Muse

Ich trage roten Lippenstift und sitze wartend vor
einem leeren Blatt Papier.
Ich warte auf die Muse,
habe mir extra für sie meine Zähne geputzt
und auf Knoblauch verzichtet.
Ich warte auf die Muse,
warte darauf, dass sie mich küsst,
dass sie mir mit ihrer schnellen Zunge neue
Worte,
neue Texte auf die Finger schreibt.
So schnell,
dass ich Angst habe, sie nicht mehr
niederschreiben zu können,
bevor sie für immer vergangen sind.

Ich warte darauf, dass etwas meinen Körper
erfüllt,
meinen Verstand ausschaltet und Besitz von mir
ergreift,
um endlich
endlich die Worte finden zu können, die schon zu
oft gesucht,
aber nie geschrieben wurden.
Ich warte darauf,
nicht zu denken,
nicht zu fühlen,
nur zu schreiben.

Ich warte darauf,
dass eine Stunde in einer Sekunde verstreicht,
dass die Worte aus mir herausfließen –
schnell pulsierend.

Ich warte darauf,
dass sich auf dem Blatt aus 26
Buchstabenbausteinen ganze Welten,
Gefühle,
Erfahrungen ergeben.

Wie schwarz auf weiß mehr sind,
als elektrische Impulse auf einer Tastatur.
Wie der Druck der Finger auf Tasten
meinen Druck zu Schreiben lindert.

26 Buchstaben.
Unendliche Möglichkeiten.
Mein Kopf ist voll mit Worten,
die in der Reihenfolge keinen Sinn ergeben,
die alles lahmlegen,
die mich paralysieren,
mich erstarren lassen.

Mein Kopf ist zu klein.
Ich kann sie nicht allein sortieren,
kann sie nicht allein zu etwas werden lassen,
was auch andere verstehen können.
Unsortiert spucke ich die Buchstaben als Worte
auf das Blatt,

damit sie raus sind,
weg sind.
Doch da liegen nur leere Worthülsen,
nackt,
verbraucht,
tausendmal so gesehen,
tausend und einmal so gelesen.

Ich warte auf die Muse.
Lege mir die Worte in den Mund,
du liebliche Muse,
lege sie mir in den Mund
und verdreh sie mir.

Verdreh mir die Worte im Mund
und den Kopf um 180°.
Brich mir das Genick
und das Herz.
Lass mich Worte auf 's Papier bluten,
lass mich ausbluten und auferstehen.
Blutleer,
wortleer,
wie ein neuer Phönix aus der Gedankenasche.

Die Muse soll die Worte füllen
mit ihrem süßen, lieblichen Versprechen nach mehr.
Sie soll ihr süchtig machendes Gift in die Worte legen,
die Worte zu Fesseln machen.

Sie soll mir zeigen,
was die Worte mir sagen wollen,
was mein Kopf mir sagen will.
Sie soll mich anleiten,
mir zur Hand gehen,
mir an die Hand gehen,
mir ans Herz gehen,
mir zu Herzen gehen.

Ich warte auf die Muse und verfluche sie.
Ich warte auf die Muse
und weiß doch, dass sie nicht kommt.
Ich winde mich auf meinem Stuhl,
verzweifle und
zweifle an mir
und an dem, was ich tue.
Warum ich es tue.
Für wen ich es tue.

Ich bin verlassen.
Ich bin auf mich gestellt.
Ohne sie.
Allein.
Mit meinem Kopf,
der immer mehr will,
der immer mehr Buchstaben zusammensetzt
und meinem Geist, der sich weigert,
diese Worte zu sehen.

Mein Kopf platzt.
Mein Kopf platzt,
wenn nicht bald die Muse kommt, um mich zu befreien.
Um mich zu erlösen,
mir den Schmerz zu nehmen,
der nur durch sie entsteht,
den nur sie lindern kann.

Nur einen Kuss.
Nur einen einzigen befreienden Kuss.
Nur einen Hauch auf meinen Lippen und ich wäre erlöst.
Doch ich warte weiter.

Ich warte auf die Muse und verzweifle.

Suche

Ich habe mich verloren.
Wann ich mich das letzte Mal gesehen habe
und
wie ich da aussah,
weiß ich auch nicht,
aber...

...ich habe mich verloren.
Ich bin mir auch nicht so sicher, ob ich weiß,
seit wann genau ich nicht mehr da bin.
Oder ob ich überhaupt
jemals da war.

Sie müssen verstehen, ich
kenne mich noch nicht so lange.
Ich kenne mich auch nicht
so gut, dass ich wissen könnte, wo
ich mich verstecke.
Vielleicht kenne ich mich auch noch gar nicht.
Wer weiß das schon so genau?

Wissen Sie,
ich frage mich manchmal,
was wohl passiert,
wenn ich auf der Suche nach mir selbst
immer im Kreis laufe.
Die Antwort bin ich mir bis jetzt
schuldig geblieben.

Ich habe mich verloren.
Irgendwo zwischen Kind sein und
Erwachsen werden, habe ich mich verloren.
Ich bin vielleicht einfach stehen geblieben,
und ohne mich weitergegangen.

Ich weiß nicht mehr, wohin ich eigentlich will.
Ich weiß nicht, wohin ich jemals wollte.
Ob es da mal ein Ziel gab,
oder ich einfach nur ein Teufelskreis bin.
Ein Perpetuum mobile.
Ein Gift, das sich selbst vergiftet.

Ich habe mich verloren.
Ich weiß nicht genau,
wer ich bin.

Viele Menschen haben versucht, es mir zu
erklären.
Haben versucht mir zu sagen,
wer und was ich bin.
Haben versucht, mich zu dem zu machen,
was ich zu sein habe.
Haben mich zu einem Versuchskaninchen
gemacht.

Bin ich ein Versuchskaninchen?
Habe ich mich in den Experimenten verloren?

Noch mehr Menschen wollten wissen,
was ich bin,
wer ich bin.
Sie erklärten mir, dass ich das definitiv nicht sein kann
und wollten weiterexperimentieren.
Wenige Menschen haben versucht
mich so zu lassen, wie ich vielleicht irgendwann einmal war.

Ich habe mich verloren.
Irgendwann,
irgendwo
bin ich mir abhandengekommen.
Wie ein gebrauchtes Schnupftuch,
das aus der Tasche fällt,
im Zug,
Bus,
auf der Straße oder
in einem Café.

Ich bin verloren gegangen und keiner vermisst mich.
Nur ich vermisse mich.

Man wird im Laufe des Lebens ziemlich viel.
Man wird Kleinkind,
Schulkind,
Teenager
und irgendwann wird man erwachsen.

Man wird Freundin,
Geliebte,
Verlassene.
Man wird Wunschtraum,
Albtraum,
schlaflose Nacht.
Ich habe mich irgendwann darin verloren.
Bin einfach stehen geblieben zwischen zwei
Selbst-
zwischen zwei Fremd-
zwischen zwei Bildern,
zwei Annahmen,
zwei Erwartungen,
zwei Versprechen.
Ich bin stehen geblieben und alles andere ging
weiter.

Ich habe mich verloren.
In Depressionen und Selbstmitleid.
In Liebe und Hass.
In Lachen und Weinen.
In den ein oder anderen Herzen.

Ich habe mich verloren.
Und ich finde mich hier wieder.

Ich finde mich hier wieder,
zerstückelt,
zerrissen,
ein unendliches Puzzle.

Wie ein Kaleidoskop liegen die
bunten Möglichkeiten
unendlich vor mir.

Kombiniere meine Zukunft mit
meiner Vergangenheit und der Gegenwart.
Stricke aus ihnen Träume,
die ich wieder aufribble und zu
Erinnerungsknoten zusammenfasse.

Manchmal muss ich die Schubladen,
in die ich alles stecke,
aufziehen und neu ordnen.

Dann finde ich in diesen Schubladen
verpasste Chancen und vergessene Gefühle,
die an Erinnerungen kleben,
deren Mindesthaltbarkeitsdatum schon lange
überschritten ist.

Manchmal vergesse ich über
Vergangenheitsfernweh
die Gegenwart
und sehe keinen Grund mehr
auf die Zukunft zu hoffen.
Dann übernehmen die Möglichkeiten die
Überhand,
formen wunderbare Parallelwelten
und lassen mir mehr als nur eine Wahl.

Das gute Leben ist nur einen
Mut weit entfernt.
Manchmal sehe nur mit verweinten Augen
das Licht am Ende des Tunnels.

Dann dreht sich das Gedankenkarussel weiter
und was einst ein Monster war,
ist nur ein verstaubtes Pferdchen mit leeren
Augen.
Manchmal muss ich Klischees nicht bedienen,
auch wenn sie gutes Trinkgeld geben.

Manchmal muss ich die Augen schließen, um
weitersehen zu können.

Dann findet sich das Versuchskaninchen wieder,
auf dem Operationstisch des Lebens
und hat das Skalpell selbst in der Hand.

Es wird immer schlimmer

Eigentlich will ich kein Radio mehr hören.
Halbstündige Nachrichten.
Halbstündig wiederholt sich,
was wir alle doch schon längst wissen.
Da sterben Menschen.
Irgendwo.
Wo ist auch egal.
Es sei denn, es ist irgendwo in Europa.
Dann ist es wichtig.
Für ein paar Momente.
Ein paar Monate.
Ein paar Tage.

Es wird immer schlimmer.
Eigentlich will ich keine Zeitung mehr lesen.
Immer die gleichen Überschriften,
die die gleichen Nachrichten von gestern neu
erzählen.
Nur mit anderen Namen.
Neuen Fotos.
Neuen Gesichtern.

Es wird immer schlimmer.
Eigentlich will ich keine Nachrichten mehr sehen.
Immer schön draufhalten.
Draufhalten auf das Gesicht des Jungen,
auf das Gesicht des Mädchens,
der Frau,

des Mannes,
des Menschen.
Draufhalten.
Auf die Angst.
Draufhalten.
Auf die Tränen.
Draufhalten.
Auf das Blut.
Draufhalten.
Auf die Augen
Aufgerissen und geschockt.
Vorm Fernseher.
Im Fernseher.
Vor der Kamera.
Hinter der Kamera.

Es wird immer schlimmer.
Eigentlich will ich gar nicht mehr raus gehen.
Nach draußen, wo Menschen Menschen hassen,
weil sie anders sind,
anders aussehen,
sich anders anziehen,
anders leben.

Es wird immer schlimmer.
Eigentlich will ich gar nicht mehr diskutieren.
Eigentlich will ich gar nicht mehr diskutieren
müssen.
Eigentlich will ich gar nicht mehr erklären,
dass hier etwas schiefläuft.

Es wird immer schlimmer
Bevor es hoffentlich endlich wieder
besser wird...

Es ist Mai

Es ist Mai.
Ich sitze draußen,
du sitzt mir gegenüber–
mit deinem Strohhut,
liest Zeitung.
Du lächelst mich an
um im gleichen Moment wieder zu verschwinden.

Es ist Mai.
Ich komme nach Hause,
schließe die Tür auf,
rufe "Ich bin wieder da".
Es riecht nach dir.

Es riecht nach Papa,
nach schweren Arbeitsschuhen
und dreckigen Jeans.

Es ist Mai
Ich sitze auf dem Sofa,
frage mich, wo alle deine Stofftaschentücher sind
bis mir einfällt das da niemand mehr ist,
der Taschentücher in Sofaritzen stopft.

Es ist Mai
Ich höre die Motorräder
zum ersten Mal
nach dem Winter

wieder knattern
und springe auf, um dir das Tor aufzumachen,
und erinnere mich wieder daran,
dass du nicht kommen wirst.

Es ist Mai
Die ersten Grillversuche.
Es riecht nach Fleisch.
Nach beginnenden Sommer.
Da sind Menschen.
Aber du fehlst.

Es ist Mai.
Ich mache mich fertig.
Ziehe mich an.
Und kurz bevor ich gehen will,
höre ich dich leise flüstern
"Willst du dir nicht noch eine Jacke mitnehmen?"

Es ist Mai.
Ich gehe spazieren.
Gehe dich besuchen.
Auf den Friedhof.
Habe dir Blumen mitgebracht.
Und Flieder.
Der ist aber schon fast verblüht.

Es ist Mai.
Und es wird bald Juni werden.

Kopfzerbrechen

Ich zerbreche mir den Kopf
und setze ihn neu zusammen.
Polterabend der Gefühle,
Selbsthass und Selbstverliebtheit
haben es endlich geschafft und
sich zu einer Hochzeit durchgerungen.
Nach dem ihr Kind,
der Selbstzweifel,
auf die Welt und in mich hineingeboren wurde.
Er quengelt und will Aufmerksamkeit–
Nahrung in Form von Gedanken und Gefühlen.

Aus den Scherben meines Kopfes
bastele ich mal wieder ein neues Mosaik.
Es ist ein schönes Mosaik geworden.
Es schimmert prächtig bunt
und wirft immer neue Schatten auf meine
Netzhaut.

Ich sehe viele alte Erinnerungen,
verzerrt und neu zusammengesetzt.
Kaum erinnere ich mich an sie,
legt sich ein Schatten darüber,
lässt sie verblassen.

Das, was ich sehe,
ist nichts Neues,
nichts Ganzes,

nur Scherben,
dilettantisch zusammengesetzt.

Überall Reste eines Klebers,
den man Hoffnung nennt,
oder Verzweiflung.
Und Hoffnung und Verzweiflung
halten nur bedingt gut,
vor allem halten sie auf.

An einigen Ecken
fängt der zerbrochene Kopf wieder
an zu zerbröseln.
Neu zu brechen.
Ich höre ein Knacken,
ein Knirschen.
Gleich ist es so weit.
Mit einem lauten WUMMS
fällt er in sich zusammen.
Die ganze Arbeit umsonst.
Ein Sisyphos, wer Böses dabei denkt.

Ich blicke auf die Kopfstücke,
die bunten Kopfstücke,
die nun gar nicht mehr zusammenpassen wollen:
Da sind Wünsche,
die nicht zu den Ängsten passen und
Erwartungen,
die nicht zum Selbstbild passen.

Und drum herum eine Welt,
die nicht zu dem Kopf und dem Körper passt
und ein Kopf an einem Körper,
die beide nicht in diese Welt passen wollen.

Nichts passt mehr.
Mein Leben braucht eine Radikaldiät.
Einmal alles auskotzen,
was da nicht hingehört.
Einmal wieder den Hunger nach
dem bisschen mehr als nur DAS spüren.

Deplatziert,
alles wirkt so deplatziert.
Ich hier,
du da
und die Requisiten,
die wir Realität nennen,
irgendwo dazwischen.

Das, was wir für richtig und echt halten, ist
aus Plastik gegossene Dreckskacke,
die uns die Realität zeigt, wie wir sie uns
wünschen.

Alles ist nur ein Spiel,
einmal schütteln und
das Kaleidoskop zeigt dir wieder eine neue
bunte Welt, die zwar aus den gleichen Stücken
besteht,

aber vollkommen anders aussieht.

Einmal neu scrollen-
der Algorithmus dreht sich weiter.
Baukastenleben.
Alles ist ersetzbar.
Austauschbar.
Nachkaufbar.
Auch Köpfe.

Ich will einen neuen Kopf,
doch wo bekommt man einen neuen Kopf her?
Einen ohne Scherben,
ohne Kleber,
ohne Risse,
ohne Selbsthass,
ohne Selbstverliebtheit
und ohne Selbstzweifel.

Kopflos suche ich,
was nur ein ganzer
Kopf finden kann.
Ich taste mich langsam vor.
Beginne die Suche bei mir.
Und finde nichts.

Im Gegensatz zu dem bunten Kopfmosaik,
was jetzt als Scherbenhaufen vor mir liegt,
ist in mir drin, nichts.

Schreiende Stille.
Die Stille schreit mir entgegen.
Fest geknebelt auf einem Stuhl
in der hintersten Ecke meiner Seele
sitzt sie und schreit mir entgegen.

Tonlos,
wortlos,
unhörbar
beschreit sie
das Unbeschreibliche.

Sie ist das leere Blatt,
was mir das Nichts auf die Netzhaut brennt,
bis es weh tut und ich blind werde.

Nichts hält mich auf.
Nichts ist groß und stark
und hat mich voll im Griff.
Nichts kann mich unterkriegen.
Ich habe Nichts und
vor Nichts Angst.
Mit Nichts lässt sich ein
kaputter Kopf ersetzen.
Da ist nichts in dem Nichts.
Da sind keine Risse,
kein Kleber,
keine Hoffnung,
keine Scherben–
da ist einfach nur nichts.

Leer gelebt,
ich fühle mich leer vom Leben,
zu leer zu leben.
Wie eine Hülle ohne Kopf stehe ich nun da,
warte darauf, gefüllt zu werden,
und verkorkt;
denn verkorkst,
dass bin ich schon.

Die Leere und das Nichts schließen Freundschaft.
Sie sind sich so ähnlich, denn mit beiden kann
man–
kann ich–
nichts anfangen.

Ratschläge verklingen in dieser Leere,
in diesem Nichts,
sie werden verschluckt von ihm.
Das Nichts ist sehr gefräßig.
Es frisst alles auf.
Es frisst mich auf und
lässt nur noch den letzten lächerlichen Rest über.

Da ist Nichts und Nichts wird bleiben,
bis endlich wieder etwas kommt,
dass es nicht einfach so verschlucken kann,
an dem sich das Nichts die Zähne ausbeißt.

Bis dahin labt sich Nichts an mir.
Verzehrt mich wie eine seltene Delikatesse.
Viel bleibt da nicht mehr von mir,
und irgendwann isst das Nichts nichts mehr
und endlich kann etwas Neues beginnen.

Irgendwann wächst mir ein neuer Kopf nach,
und solange mir nichts über den Kopf wächst,
hoffe ich ihn auch nicht wieder zu zerbrechen.

Die Reste des alten Kopfes
klebe ich dann in ein Buch
unter dem Titel „Erfahrungen" und
verkaufe es gewinnbringend an den
Meistbietenden.

So zerbrechen dann immer mehr Köpfe
und so lösen sich Geschichten und Menschen im
Nichts auf,
um dann mit einem neuen Kopf und alten
Erfahrungen wieder neu anzufangen.

Ein Lebensgefühl

Es ist nicht das „Wer",
es ist das „Was".
Es ist nicht ein jemand,
aber ein etwas.
Es ist ein Gefühl,
kein Grund.
Kein Gegenstand,
eher ein Zustand.
Kein Jetzt,
eher ein Immer.
Ein Immer im Jetzt.
Von hier bis später und anderswo.
Vielmehr ein Wollen/Könnten
als ein Wollen/Müssen.
Es ist nicht die Zeit,
nicht der Ort,
nicht die Geste.
Es ist das Sehen.
Das Atmen.
Das Leben.
Das bedingungslose Erwarten und
hoffnungslose Erhoffen.
Es ist die Musik.
Nicht die Töne.
Es ist das Wetter,
nicht die Temperatur,
nicht die Sonne,
nicht der blaue Himmel,

noch nicht einmal die Nicht-Wolken.
Ist es das Sein?
Das Sein-Wollen?
Oder das Sein-Können?
Könnte sein.
Sollte sein.
Irgendein.
Oft hat man etwas Besseres zu tun
und tut doch nichts.
Aber dieses Nichts ist besser als alles andere.
Andere, anders, als was?
Normal ist der Durchschnitt.
Doch der Durchschnitt ist auch immer
nur ein Teil von etwas Ganzem.
Vollständig sein.
Gesucht in anderen.
So oft.
Aber nie gefunden.
Wie auch?
Vollständig kann man nur allein sein.
Vollständig sein und sich doch
immer wieder
bei anderen wieder finden.
Das ist eine Kunst.
Sich auf dem Weg nicht verlieren
eine Tugend.
Sich niemals verlaufen wollen,
ein Wunsch.
Die Realität?
Man wurde komplett geboren und

verliert immer mehr an Konsistenz.
Die wirkliche Aufgabe ist,
seine Teile wieder zu finden.
Und sich neu zusammen zu setzen.
Der Sinn des Lebens.
Oder der Unsinn des Lebens.
Oder der Sinn des Sterbens.
Vielleicht auch der Unsinn des Denkens.
Oder der Ursinn des Denkens?
Freie Entscheidung ob der zahllosen
Möglichkeiten.
Nur unfähig, sich zu entscheiden.
Schnick Schnack Schnuck spielen und doch nicht wissen,
wofür.
Etwas mehr leben.
Etwas weniger nachdenken.
Etwas mehr riskieren und das Risiko lernen zu lieben.
Abenteuer nicht nur riechen,
sondern eingehen.
Arm in Arm mit seinen Zweifeln bungeejumpen.
In einen Abgrund voller Farben.
Und hoffen, dass das,
was da auf einen zugerast kommt,
nicht der Boden ist.
Fallen ist nicht das Schlimme.
Das Schlimme ist das Liegenbleiben.
„Aufstehen, Krone richten, weiterschreiten".
Wasser reichen,

sich selbst Treue schwören und daran erinnert werden,
was man ist.
Eine Reise ohne Ende,
mit keinem Ziel,
zu keiner Zeit,
ungeplant in die Weiten des Nichts,
irgendwo hinter dem „Was wäre wenn …",
„Schon viel zu spät für …" und
„Hätte man doch nur …" finden,
was man wollte,
ohne zu wissen,
was das eigentlich war.
Nur zu fühlen, dass man genau das vermisst hat.
Und nicht ankommen.
Niemals.

Der Friedhof der verpassten Chancen

Eine Komposition aus dem letzten
Blätterrauschen, Rindengeflüster und
Vogelgezwitscher.
Leere, knochige Finger greifen durch die
Nebeldecke gen Himmel.
Die Wolken ziehen schnell, ganz so, als wollten sie
dem herannahenden Winter entkommen.
Ein Wettlauf gegen sich selbst und gegen die
Stille, die vor dem Sturm kommt.

Der Winter lässt auf sich warten.
Die Kälte kriecht halbherzig in die Häuser und
bringt die Feuchte mit.
Die Erinnerungen an den letzten Sommer setzen
Schimmel an, setzen sich fest.
Der Geruch von Grillkohle und Sonnencreme
weicht dem Muff von faulenden Äpfeln und
heißen Tees.
Der Herbst versucht mit aller Kraft den Sommer
zu bezwingen.

Das Friedhofstor ist verrostet.
Rotbraunes Wasser rinnt an ihm herab und färbt
meine Hände dreckig braun.
Es quietscht, als ich es langsam aufdrücke, und
macht mir einmal mehr bewusst, was mich hier
erwartet. Wieder trage ich schwarz und bringe
eine zum Grab.

Sie liegt friedlich in dem einfachen Sarg. Als würde sie schlafen.

Wie oft ich schon hier war. Ein ganzes Beerdigungsbonusheft habe ich voll. Zur nächsten Bestattung bekomme ich einen Blumenkranz umsonst dazu.
Ich kenne jedes Grab – habe sie schließlich alle selbst gegraben – selbst gewählt. Ich bin Verwalter, Besitzer und Grund des Friedhofs der verpassten Chancen.

Wie ich sie alle beweinte – die Großen, und die Kleinen.
Die alles Verändernden.
Die Nutzlosen.
Ihnen nachheulte, nur um bei der nächsten Gelegenheit wieder eine von ihnen hinterrücks zu erstechen.

Da war die Chance, mein Leben zu verändern: Die war groß, aufgeschlossen und lebendig. Aber auch schwierig zu ersticken. Zäh dieses Ding. Sehe sie vor mir, wie sie noch einmal zuckte und die letzte Hoffnung aus ihren Augen erlosch.

Sie kommen und gehen die Chancen. Die wenigsten bleiben auf einen Kaffee. Viele sind mehr wie One-Night-Stands:

Ganz nett, aber man ist nicht aufeinander eingespielt.
Man weiß nicht, was einen erwartet und ist zu ungeduldig auf etwas zu hoffen, das vielleicht niemals passieren wird.
Wie bei One-Night-Stands muss man sich schützen. Sie können fiese Geisteskrankheiten übertragen, diese Chancen.

Manche dummen Ideen werden für Chancen gehalten. Dann hält man sich so lange an ihnen fest, bis man schließlich selber zu einer dummen Idee wird.
Manche Chancen hält man für dumme Ideen. Ihre Zeit ist noch nicht gekommen. Man ist noch nicht für sie bereit.

Es riecht hier auf dem Friedhof nach Reue und Konjunktiv. Eau de „Was wäre wenn…".
Der Konjunktiv, der wahrscheinlich schlimmste Killer. Der schleichende Tod.
Was wäre, wenn … Ja, was wäre, wenn? Man weiß es nicht, denn man hat Entscheidungen getroffen und ist mit ihnen nach Hause gegangen. Hat Chancen ausgelassen und Hoffnungen begraben.

Wenn Entscheidungen einmal gefällt sind, dann wachsen sie nicht weiter. Wenn Hoffnungen

begraben sind, dann wächst da lange nichts mehr.
Ich gehe vorbei an Schlussstrichgrenzen, bepflanzt mit begrabenen Hoffnungen und markiert mit gefällten Entscheidungen.

Verpasste Chancen stinken, wenn sie zu lange liegen. Deshalb habe ich diesen Friedhof angelegt. Verpasste Chancen müssen schnell begraben werden, sonst verwandeln sie sich mit der Zeit in stinkendes Selbstmitleid, das einem den Boden unter den Füßen wegzieht, wenn man nicht aufpasst.

Bald brauche ich ein neues Grundstück, denke ich, als ich die verpasste Chance in ihr Grab herablasse.
Bald ist dieser Friedhof voll,
sind die Gräber belegt,
sind die Chancen beweint.
Bald muss sich etwas ändern.
Doch nicht heute.
Heute beweine ich diese eine verpasste Chance.

Worte

Der Schreibflow kommt und geht.
Ich bin seine Hure.
Er missbraucht mich,
meinen Körper für seine Machenschaften.
Worte penetrieren meinen Kopf.
Kommen in meiner Mundhöhle,
jetzt zu Papier,
und euch zu Augen.

Den Kopf frei kriegen.
Den Kopf freischreiben.
Den Kopf frei schreien!
Worte wollen geschrieben werden.
Worte wollen geschrien werden!

Ich reihe Wörter aneinander,
die Sinn ergeben,
die Unsinn ergeben,
die sich in keinem Sinn ergeben.

Ich reihe Wörter aneinander,
wie andere Perlen.
Perlen vor die Säue,
Säue vor den Schlachter
Schlachtbank,
Wortschlacht.

Mit Stift und Papier

werden hier Gefühle seziert,
Gedanken geschlachtet
und zum Verzehr dargeboten.
Serviert mit einem Hauch von Leben.

Durchgekaut und ausgespuckt.
Halb verdaut und drauf geschissen.
Mit Magen- und Kopfschmerzen als Aperitif.

Ich bin nicht betrunken,
nur übermüdet.
Was eigentlich das Gleiche ist,
sagt mein Kopf.

Und dieser Text schaukelt sich auf-
wir werden nicht mehr damit fertig.
So der Kopf.
Doch die Hände schreiben weiter.

Schreiben an Geschichten und Gedichten
schreiben an einem Leben,
in diesem Kopf,
in dieser Realität.
Schreiben um ein Leben im Leben,
schreiben sich um Kopf
und Kragen.

Ich brauche ein Gedankendikitiergerät.
Zum Aufzeichnen der schönen
und Löschen der schlechten Gedanken.

Ich brauche einen Erinnerungsradierer.
Doch man schreibt das Leben nur mit einem
Kugelschreiber gut.
Manchmal auch mit dem Tattowiergerät.

Erinnerungen, Bilder, Gefühle,
gebannt auf meiner Hirnrinde.
Unauslöschbar.
Mit mehr Kapazität als eine externe Festplatte sie
jemals haben könnte.
Erinnere ich mich
mit meinem Elefantengedächtnis
an jede verpasste Chance,
an jedes gesprochen Wort,
jedes verschwiegene Gefühl.

Ich sitze allein in meinem Zimmer
und zelebriere die Einsamkeit mit Worten.
Versuche mit zu vielen Wörtern,
zu viele Gedanken vom
Gedächtnisdiktiergerät zu löschen.

Drücke auf „Delete".
Drücke die Tasten ein.
Drücke mich vor der Verantwortung
und versuche mich auszudrücken -
doch die Bilder und Gedanken quellen nur auf,
werden größer,
unscharf.

Die hässlichen Seiten werden noch hässlicher,
die Guten lösen sich
langsam
im körpereigenen Lösungsmittel der Verdrängung
auf.

Schwimme in einem Meer aus Erinnerung
und habe meine Schwimmflügel vergessen.
Ertrinke irgendwo zwischen gestern
und dem ständigen Konjunktiv.

Kriege keine Luft mehr
ersticke fast an meiner Vergangenheit
will atmen,
aber die Worte überschlagen sich
in meiner Kehle.
Weiß nicht,
was ich als Erstes rausschreien will,
aber geschrien werden muss.

Ein Aufschrei ist nur gut,
wenn er laut ist.
Sonst hieße er Aufflüstern
und das kann niemand ernst nehmen.

Ein Ausrufezeichen muss mitgesprochen werden.
Ein Ausrufezeichen muss mitgeschrien werden!
Sonst sagen die Wörter nicht viel mehr
als die Buchstaben, aus denen sie bestehen.

Das Ausrufezeichen als der Mittelfinger der
Satzzeichen.
Zwingt dazu, die Stimme zu erheben,
wenn ich es schon selbst nicht schaffe.
Zettelt eine Revolution an
in meinem Kopf.

Und mein Kopf sagt noch einmal,
dass wir mit dem Text nicht fertig werden.
Doch der Text wird nicht mit uns fertig.

Wir bleiben unvollendet.
Wer sagt überhaupt, dass
da immer ein Ende sein muss, dass
irgendwo
immer was rauskommen muss, dass
da ein Produkt,
ein Schlussstrich, ein
Schlusspunkt stehen muss.
Meist ist das, was unten rauskommt,
noch schlimmer als das, was oben reinkam.

Mein Kopf

Ich bin unruhig, ich kann nicht schlafen.
Wach starre ich auf die schwarze Zimmerdecke
über mir.
Ich höre, wie die Autos an meinem Fenster
vorbeifahren.
Sehe ihr Scheinwerferlicht klare Schatten auf
meine Wand zeichnen.
Aber ich kann keinen klaren Gedanken fassen.
Die Gedanken drehen sich um meinen Kopf und
immer,
wenn ich meine Augen schließe, sehe ich sie an
mir vorüberziehen.
So schnell, dass ich sie nicht halten kann,
dass ich sie nicht ergreifen,
nicht begreifen kann.

Irgendetwas in mir scheint wie ein
wildgewordener Tischtennisball immer wieder
gegen die Innenwände meines Kopfes zu knallen,
mich nicht schlafen lassen wollen.
Immer wieder ist da diese Stimme
„Du hättest ...,
Du könntest ...,
Du solltest ...".

Mein Leben spricht fließend kompliziert,
und ich habe gerade einmal Grundkenntnisse in
dieser Sprache.

Ich verstehe die meisten Vokabeln nicht und
lerne immer wieder neu dazu und mich besser
kennen.

Dann kommst du in mein Leben gestolpert.
Versuchst zu übersetzen, was man mir sagen will,
ich aber nicht verstehen kann.
Du sagst, ich soll mal runterkommen,
doch ich bin immer noch im Überfliegermodus.
Greife nach den Sternen und unerreichbaren
Idealen.
Setze mir Ziele und eine Frist.
Lasse sie verstreichen und streiche mir
das wirre Haar aus dem verweinten Gesicht.

Du nimmst meinen Kopf in deine Hände.
Du versuchst mich festzuhalten,
doch schwebe ich immer noch mit dem Kopf über
den Wolken,
während meine Beine sicher und fest
auf dem Boden der Tatsachen stehen.

Du sagst, ich soll mal zur Ruhe kommen.
Soll endlich mal aufhören mit dem Listen
schreiben und dem Planen.
Denn das Leben sei wild, unplanbar und schön
wie ein Tier,
das man zwar bewundern,
aber nicht zähmen kann.

Doch in meinem Kopfkino laufen ständig
Horrorfilme.
Du sagst, ich solle nicht immer so viel denken,
solle mich mal zusammenreißen,
doch ich kann mich erst zusammenreißen,
wenn ich mich vollends zerrissen habe.

Wenn ich jedes Stück meiner selbst begutachtet
und analysiert habe.
Wenn ich endlich weiß,
was wo hingehört und
wo mein Platz in diesem riesigen Puzzle ist.

Meine Wünsche überfordern mich.
Ich will zu viel und tue zu wenig.

Ich habe zu viel Zeit,
mir einen Kopf zu machen.
Ich habe hier schon eine ganze Kollektion stehen
und keine Gelegenheit, sie auszuführen.
Einen Kopf für die Karriere, die ich anstrebe.
Einen Kopf für die rosarote Brille.
Einen für das weise Alter.
Einen für die spontanen Verrücktheiten, solange
ich noch jung bin.
Einen Kopf für Kinder und einen für die Alten.

Doch gerade ist mein Kopf eher wie eine
geschüttelte Coladose auf Koks.

Ich mit verwischtem Make-up, irre grinsend und
im kleinen Augenblick die ganze Welt begreifend
daneben.

Und manchmal sagst du,
manchmal muss man nur eine Nacht
durchschlafen,
um endlich wieder klar denken zu können.

Hier Titel einfügen

Die Zeit hängt über mir, wie ein dicker alter Mann
über einer jungen thailändischen Prostituierten
hängt.
Schwer,
stinkend,
keuchend,
schwitzend.
Sie ist kurz davor, mich zu erdrücken,
bis sie sich dann endlich,
von einem Orgasmus befreit,
zitternd,
stöhnend,
von mir herunter robbt und mich liegen lässt.
In ihrem Dreck.
In ihrem Schweiß.

Die Zeit und ich, wir haben eine Hassliebe am
Laufen.
Sie lässt mich viel zu oft im Stich und ich lasse
sie viel zu oft verstreichen.

Aus meiner Seele blutet es durchsichtige Träume
von Tagen, als es noch nicht so was, dass Zeit
und Leben mich abwechselnd fickten.
Als ich den Traumverlust und die Schlaflosigkeit
noch mit Alkohol, zu lauter Musik und Freunden
willentlich herbeiführte und maßlos zelebrierte.

Wo Nächte voll von Dämonen nur im Fernsehen
und nicht in meinem eigenen Zimmer stattfanden.
Wo Nächte noch Nächte und nicht einfach nur
dunkle Tage mit falschen Uhrzeiten waren.
Wund und verlebt liege ich hier und lecke meine
Wunden.
Fühle mich mehr als nur fremdbestimmt,
fühle mich verstimmt,
fühle mich missbraucht vom eigenen Leben.
Opfer meiner selbst
Täter der feinsten Sorte.

Sich im Selbstmitleid suhlen stinkt gewaltig, doch
es ist alles zu rutschig hier, um noch aus eigener,
nicht vorhandener Kraft herauszukommen.

Wenn die Zeit dich fickt, ist es egal, ob ihr
verhütet. Wenn die Zeit dich fickt, gebierst du
irgendwann einen hässlichen, kleinen,
nachtaktiven Psychosenghoul.

Er klettert auf deinen Rücken,
hält dir die Augen zu,
hält dir die Ohren zu
und frisst alles auf,
was dich am Leben hält.
Scheißt nur Angst,
Verzweiflung und Depression aus.
Ein ungebetener Gast,
der sich nicht aufhalten,

nicht aushalten lässt.

Er kokelt Menschen aus deinem Herzen und
schneidet dann die verheilten Narben noch einmal
auf, nur um sicher zu sein, ob es denn immer
noch so schön blutet.

Emotional und körperlich bin ich grade mehr
Lebend-Tier-Transporter-auf-Benzintanklaster-
Auffahrunfall,
eine nicht abgesicherte Unfallstelle.
Ich stehe neben mir in einer lächerlichen,
neonorangenen Unfallweste und warne andere
Passanten vor den Dämon, den ich mitten auf die
Fahrbahn gebäre.
Nur um danach noch leerer,
noch wunder
noch tauber im Inneren so zu tun,
als wäre das alles voll normal und ich nur Statist
im Hier und Jetzt.

Katastrophentourismus im eigenen Leben.
Am Straßenrand bildet sich ein Straßenstrich.
Hier werden Kindheitsträume eingetauscht
gegen den schnellen Konsumfick.
Hier werden leere Versprechen kostengünstig
mit Angst und Lügen gefüllt.

Das hast du dir nicht selbst eingebrockt,
aber dafür musst du 's jetzt selbst auslöffeln.

Meine Suppe schmeckt schal,
sie schmeckt nach gewollt,
aber nicht gekonnt.
Nach Erwartungen,
die nicht meine sind,
die erfüllt werden wollen,
mit Versprechen,
die ich nicht geben kann.
Nicht geben will.
Zerrissen von den Dingen,
die ich sollte und den Dingen,
die ich kann,
stehe ich hier und fühle mich wert-,
rast-
und sprachlos.

Ich schreibe Pläne für ein Leben,
das ich nicht führe.
Ich schreibe Listen mit Aufgaben,
die ich nie tun werde.
Ich schreibe Briefe,
die ich nicht abschicke.
Ich schreibe Geschichten,
die nie passieren werden.
Ich schreibe Nachrichten,
die ich wieder lösche.
Ich schreibe meine Geschichte mit Edding an die Wand.
Ich schrei(b)e nicht,

weil doch so viel gesagt werden muss,
aber niemand,
niemand mal die Fresse hält.

Jeder guckt hin,
keiner spricht es aus,
alle machen mit.
Leere Gesichter,
volle Einkaufstüten.
Keinen stört's.
Individualismus ist eine leere Phrase, die mit
austauschbaren Markenartikeln und YOLO
aufgefüllt wird.

Wut staut sich auf,
und irgendwann bricht der Damm.
Überschwemmt unbewohnte Gebiete,
überschwemmt Wohngebiete,
überschwemmt mich und reißt mich so weit mit,
dass ich mich nicht mehr zusammenreißen kann.
Schon bricht es aus mir heraus.

Mein gut gepflegter,
aber unverstandener Selbsthass
verkommt zu einem zügellosen Welthass.

Die Menschen hier sitzen allzu bequem auf ihren
als Rückgrat verwachsenen Stöcken im Hintern.

Nicht selten möchte ich ihnen diese aus dem
Arsch ziehen und ihnen damit die
festgewachsenen Bretter von den Köpfen kloppen.
Am liebsten gleich die Köpfe einschlagen mit
Argumenten,
die sie weder hören wollen,
noch verstehen können.

Wütende Sätze aus wütenden Mündern
von Menschen, die nichts mehr haben
außer Mut und Wut.
Eine Randnotiz am Rande des Wahnsinns,
ein kleiner Tod des kleinen Mannes
für eine zu große Idee.

Wir sind das Tüpfelchen auf dem I,
das Zünglein an der Waage, doch
wir machen nichts und das macht uns nichts
aus.
Und wieder greift die Zeit mit ihren fettigen,
stinkenden Fingern um sich.
Und wieder lässt man alles über sich ergehen.
Und wieder lässt man alles über sich ergehen.

Novembergrau

Es ist November. Der vorletzte Monat des Jahres.
Irgendwas zwischen Herbst und Winter und ganz viel Depression.
Die Uhr wurde umgestellt, die Tage werden kürzer.
Das Grau der Tage kriecht in jede Ecke der Wohnungen und der Seele.
Alles wird dunkel und was schon dunkel war, wird schwärzer als schwarz.

Die Nässe tanzt an den Knochen, wie spärlich bekleidete Frauen an Stangen,
wartet auf Trinkgeld.
Doch da gibt es nichts.
Da wird es nichts geben.
Wer gibt schon der Nässe Trinkgeld für das Gefühl, bepisst zu sein?

Menschen gehen jetzt auf den Friedhof zu Gräbern von anderen Menschen,
die ihnen als Leichen wichtiger sind als noch vor der Bestattung.
Sie fühlen sich dann gut ob der kitschigen Porzellanengelchen, die sie lieblos auf
die fremdgepflegte letzte Ruhestätte eines nahen Verwandten werfen. Sie fühlen sich gut dabei und denken, sie haben sich nun den Seelenfrieden erkauft – mit Kitschengelchen aus Porzellan, –

weil der Seelenfrieden so billig ist wie ein 1€-Porzellanengel.

Noch während sie sich gedankenlos umdrehen, Pseudotränen wegwischen und seelenruhig mit ihrem Seelenfrieden weggehen, zerspringt der Porzellanengel und gibt sein wahres Gesicht in Form einer kaputten 1€-Fratze preis. Spiegel der Verwandtschaft, die sich wieder in ihre Löcher verkriecht – bis zum nächsten Jahr.

Das Leben ist ein Totentanz! Hört die Musik! Bewegt euch im Takt der Zeit!
Tanzt! Sonst seid ihr verloren! Schunkelt weiter auf diesem Stein, der sich in schwindelerregender Geschwindigkeit um einen Stern dreht, der irgendwann still und heimlich explodiert und uns alle mitnimmt zum definitiv letzten Tanz. Dreht euch, bis euch übelig wird und ihr dem Sinn des Ganzen hier vor die Füße kotzt. Da hilft kein Beten mehr. Kein Seelenfrieden. Kein lieber Gott. Da gibt es nichts mehr zu helfen, zu bereuen.

Bunte Blätter klatschen an deine Fensterscheiben. Es ist der letzte Applaus des sterbenden Jahres mit seinen unerfüllten Wünschen. Der Regen spült an die Oberfläche, was der Frühling und der Sommer versuchten, unter Grün und Bunt zu verstecken.

Die Welt ist nackt. Blätterbunt und nackt und nass und nackt und grau und nackt. Die Menschen ziehen sich immer mehr an, um sich vor der Kälte und der Nacktheit der Welt zu schützen. Trotzdem oder gerade deshalb bleibt es ihnen innen kalt. Wie im Kühlschrank.

Menschenkühlschränke mit Gefühlsleichen werden durch Glühwein und Kerzenschein scheinbelebt und auf Lebenstemperatur gehalten. Wir fressen uns Lebkuchenfettschichtkörperpanzer an und lassen nur wenige zu dem „uns" durch, nachdem wir uns alle sehnen.

Weil man sich verletzen könnte.
Weil das Herz zu schlagen beginnen könnte für jemand anderen als man selbst.
Weil man Egoist ist oder sein will und ein Egoist keinen Platz für andere Menschen in sich drin hat.

Lebkuchen!
Noch mehr Lebkuchen!
Sonst werden wir zu leer!

Scheinheiligkeit erfüllt die Zimmer und strahlt mehr als jede Neonröhre. Alle haben sich lieb und wollen ihre Ruhe und sagen deshalb so was wie „Schön dich zu sehen!" und „Ich hab dich vermisst!" und eigentlich vermissen sie nur die Ruhe, die da vor den anderen war.

Aber man macht das so, weil man das eben so macht und es halt immer so gemacht hat, schon immer immer und auch immer machen wird, weil jeder seine Ruhe will und die nicht kriegt, wenn man das nicht sagt.
Weil es eben doch Menschen geben muss, die durch die erste Schicht des Panzers brechen. Die die gleichen Gene teilen oder teilen wollen.
Es wird von der Gesellschaft so gewünscht, dass es da Menschen gibt, die das so fühlen, die so was fühlen wie diese Liebe, die jetzt wieder überall beschrien wird.

Die Gedanken werden grau, wie der Himmel und irgendwie weiß man das ja jedes Jahr und irgendwie kommt der Herbst jedes Jahr zu schnell. Und auch dieses Jahr wird er zu schnell vorbei sein, wie der Winter auch, der ja noch kommt oder vielleicht auch schon da ist, man weiß es ja nicht.

Was wird aus den Blättern, die sich in den Matsch legen?
So in den Matsch kuscheln?
Oder von schweren Stiefeln hineingetreten werden?
Unaufhaltsam.

Unbarmherzig.
Was wird aus ihnen im Dezember und im
Januar?

Dreck wird aus ihnen.
Dreck und wieder Dreck.
So wie aus jedem Dreck wird, wenn er es nicht
schon ist.
Da ist keine Romantik in fallenden, matschigen
Blättern, da ist nur Dreck.

Kleine Kastanien flüstern dir im Vorbeigehen zu
„Ich bin ein verwunschener Herbsttraum!", aber
du bist taub dafür geworden und mit deinem
„Heb das nicht auf! Das ist Dreck!" machst du
auch deine Kinder taub dafür.

Die Engelchen backen auch keine Plätzchen
mehr, nein, die aufgeklärte Mutter von heute
bringt ihren Kindern früh genug bei, dass es
keine Engelchen gibt und Weihnachten Kommerz
ist. Aber immerhin können die Kinder ihren
Namen tanzen. Sie wissen schon früh, dass sie
Drogen nehmen müssen, weil sie ADHS haben.
Chemie ist besser als Märchen und das ist das
Märchen, an das alle glauben, nur ohne „Und,
wenn sie nicht gestorben sind".

Das Grau dringt immer tiefer in deine Gedanken
und macht so viele Wahrheiten sichtbar, die du

durch die Sommersonne nicht sehen konntest,
weil sie dich so schön blendete, dass du keine
Sonnenbrille tragen wolltest.

Grau und noch mehr grau und die Nacktheit der
Welt und die Kälte der Nacktheit der Welt macht
dich kaputt und du baust dir eine Kissenburg wie
früher und wirst belächelt. Von
Sonnenbrillenträgern und Blinden und
Menschen, die es verlernt haben hinzuschauen,
wo es was zu sehen gibt.
Die nur das sehen, was sie sehen wollen, nicht
hinter die Bilder schauen und schon gar nicht
verstehen, was da passiert.
Die mitreden, aber nichts zu sagen haben und
jedem zustimmen, um irgendwo irgendwie dazu
zu gehören, wozu ist eigentlich egal, aber
immerhin ist man jemand, der zu jemand gehört
oder denkt, zu irgendjemand zu gehören.

Wenn es draußen kalt, grau und nass ist, ist es
wichtig zu wissen, dass man nicht raus muss, um
jemand zu suchen, zu den man gehen kann, der
einen findet da draußen, sondern dass da schon
jemand ist, der einen gefunden hat, wie genau ist
ja egal und wie lange auch, aber der jemand ist
da, wenn es draußen kalt, grau und nass ist und
man muss nicht mehr raus zum Suchen und
Finden.

Der Herbst treibt die Gedankenmenschen zurück
in ihre Häuser und die Gedanken zurück in den
Stall. Es riecht nach nassem Hund in den
Gedanken und man bekommt diesen Geruch
einfach nicht mehr los. Da steht man dann und
riecht in sich drin nach nassem Hund. Weil da
der Herbst ist.

Eigentlich möchte man aber nur raus.
Raus aus diesem Leben.
Nicht unbedingt aus dieser Jahreszeit.

Man will raus und die Leute schütteln und ihnen
noch eine Lektion mit auf den Weg geben, in den
Rest des sterbenden Jahres, man möchte ihnen
die Porzellanengelchen an den Kopf werfen.
Man möchte ihnen den Mittelfinger zeigen und sie
dann zum letzten Totentanz im Herbstregen
auffordern.

Tanzt ihr noch einmal mit mir?

Auch wenn es unser letzter Tanz ist?

Entgegen allen Regeln?

Mitten im Regen?

Mit all den Konsequenzen?

Liebe Liebe

Liebe Liebe,
ich hasse dich so sehr, wie ich dich liebe.
Mit besten Wissen und Gewissen hasse ich dich dafür,
dass ich lieben muss,
was ich nicht hassen kann.
Ich kann das Lieben nicht lassen und hasse es.

Das richtige Gefühl bei der falschen Person.
Das falsche Gefühl bei der richtigen Person.
Das richtige Gefühl bei der richtigen Person
zum falschen Zeitpunkt.
Das falsche Gefühl bei der richtigen Person
zum richtigen Zeitpunkt.
Das richtige Gefühl bei der richtigen Person
zum richtigen Zeitpunkt,
was sich aber vollkommen falsch anfühlt.
So war das nicht geplant.
So war das nicht gemeint.
So war das nicht gewollt.

„Hör mir doch mal zu!
Aber versteh mich bitte nicht falsch!" –
„Lass mich in Ruhe!
Aber bleib hier!" –
„Fass mich nicht an!
Und nimm mich bitte in den Arm!".

Wir drehen uns im Kreis
mit beiden Beinen fest
auf dem Boden der Tatsachen.

Was, wenn nach dem „Sich fallen lassen"
das Herz bricht?
Oder man auch nur ein
„Herzschleudertrauma" bekommt?
Was dann?
Was, wenn das Herz den Durchblick verliert
und nur noch schielt, nach dem es sich hat fallen
lassen.
Was dann?

Was,
wenn es einfacher ist,
zu ertragen,
dass es da niemanden gibt,
als zu ertragen,
dass da jemand ist,
der einen erträgt,
wenn man sich selbst nicht mehr erträgt?

Was dann?
Was dann liebe Liebe?
Was, wenn das Herz zwar klopft,
aber ohne Rhythmus?
Herzrhythmusstörungen
darf man nicht auf die leichte Schulter nehmen.
Was, wenn das Herz zur falschen Zeit

beim falschen Menschen stehen bleibt?
Und der nicht weiß,
wie man ein Herz zum Schlagen bringt?

Was,
wenn das Herz in die Hose rutscht,
man aber einen Rock anhat?
Oder das Herz direkt durch die Hosenbeine
auf den kalten, nassen, dreckigen Asphalt fällt?
Was,
wenn dann jemand auf dem Herz herumtrampelt,
weil er denkt,
es sei eine Schuhmatte?

Was,
wenn auf dem Herz so viele Steine liegen,
dass die gar nicht mehr runterfallen können,
weil die sich so ineinander verhakt haben?

Ich habe mein Herz verloren.
Ich habe mein Herz so gut weggelegt,
dass ich es nicht mehr wiederfinde.
Und manchmal fehlt es mir mein Herz,
dann suche ich kurz nach ihm,
rufe nach ihm
und bekomme keine Antwort.

Wie soll ich auf mein Herz hören,
wenn es nicht mit mir spricht?
Mein Herz ist stehen geblieben,

mitten im Labyrinth des Lebens.

Das Labyrinth des Lebens ist gesäumt von Herzrasen.
Herzrasen,
ganz viel Herzrasen
und niemand da, der ihn mäht.

Mein Herz ist zerbrochen,
die Stücke passen nicht mehr zusammen,
also schmeiße ich mein Herz weg.

Ich trage mein Herz nicht mehr auf der Zunge,
es schmeckt zu bitter
und die Herzstücke schneiden zu schnell Wunden.

Mein Herz schlägt sich so durch.
Durch eine herzlose Welt
mit herzlosen Menschen und
Herzmenschen,
die mehr als nur ein Herz brauchen.

Ein Herz soll Blut pumpen.
Durch den Körper.
Manchmal pumpt es Blut auch darüber hinaus.
Das ist unerfreulich,
zumindest für den,
dem das Blut und das Herz gehört.

Auf das Herz hören ist schwierig,

wenn man es verloren hat.
Weil man es dann nicht mehr hört.
Oder nur von ganz weit weg nuscheln hört.
Das Herz ist der Til Schweiger unter den Organen.

Da ist kein Wörterbuch zum Übersetzen
und so hört man nicht auf das Herz,
sondern lieber auf die Ängste.
Weil Ängste sind immer da.
Ganz nah sind sie.
Sie schreien dir flüsternd zu,
was alles so schief gehen kann
zwischen zwei Menschen
zwischen zwei Herzen.

Sie schreien es dir in die Ohren
und dahin,
wo mal das Herz war.
Da schreien sie es hin
und du denkst:
„Ja, da habt ihr Recht!"
und läufst weiter herz-
und hoffnungslos herum.

Und selbst
wenn das Herz dann doch
noch mal anklopft,
dann machst du ihm die Tür nicht auf
und lässt es draußen
mit seinen Gefühlen

verhungern.

Da,
wo früher mein Herz war,
ist jetzt ein schwarzes Loch.

Irgendwas ist immer falsch
an der Liebe
und irgendwie
ist es immer richtig und besser,
nicht zu lieben.

Die Liebe liegt im Auge des Betrachters
und manchmal ist er kurzsichtig oder
hat ein anderes Augenleiden und
dann sagt man „Liebe macht blind"
und hat damit ein bisschen recht.

Und deine Ohren werden rot,
weil das Blut darin rauscht,
weil das Herz das Blut darein pumpt
und das Klopfen
und Pumpen des Herzens
übertönt jede Vernunft.

Dann steht man da,
blind und taub und voll mit diesem Zeug,
und man hat keine Zeit und Gelegenheit,
etwas abzuwaschen,
was ja niemand sieht

und jeder haben will.

Forscher,
liebe Liebe,
Forscher sagen,
es braucht nur eine fünftel Sekunde,
um sich zu verlieben.
Es braucht nur einen Bruchteil einer Sekunde,
um sich von einem vernunftbegabten Wesen
zu einem Herzzombie zu verwandeln.

Und dann ist da
Dopamin,
Serotonin,
Oxytocin
und Testosteron
in dem Blut
in den Ohren
und in dem Herzen
und in dem Menschen,
und dann,
liebe Liebe,
nennen wir das so wie dich,
obwohl das alles nur biochemische Prozesse sind.

Diese biochemischen Prozesse sind flüchtig,
sie vergehen schnell,
obwohl man dich,
liebe Liebe
doch immer haben will.

Man verwechselt den biochemischen Drogentrip
mit dir,
dann ist man sauer auf dich,
weil du nicht bleibst,
weil du kein Höhenflug bist.

Du
liebe Liebe,
du bist mehr wie ein
seichtes Dahinschippern,
ein kleiner Gedankenschluckauf
im Hintergrund,
ein leichtes Lächeln auf den Lippen,
das kurze Auffunkeln in den Augen.
Du bist nicht laut,
du bist nicht groß,
du bist nicht aufregend,
du bist einfach irgendwann da.
Dann bleibst du so lange,
wie es dir gefällt.
Mal länger,
mal kürzer,
mal hier,
mal da.
Du
liebe Liebe,
bist wie Sand.
Du rinnst einem durch die Finger,

doch irgendwo findet man in der hintersten Arschritze
auch noch nach Jahren ein Körnchen von dir.

Manchmal bist du
ein langsam tötendes Gift.
Erst kickst du,
dann lähmst du,
dann zerstörst du von innen alles,
was nicht mehr geliebt werden kann.

Du bist der wankelmütige Teenager
unter den Gefühlen.
Du zickst,
verschwindest auf unbestimmte Zeit,
lässt dich nicht finden,
egal, wie sehr und wo auch immer man dich sucht
und betrinkst dich manchmal zu sehr an der Vorstellung, das einzig Richtige zu sein.

Liebe Liebe,
ich kann nicht mit
und ich kann nicht ohne dich.
Zu oft habe ich versucht,
mich von dir zu trennen,
habe geweint,
geschrien,
gehasst,
gebrochen
mit allen Schwüren und Vorsätzen,

mit meinen Idealen
und einigen vor die Füße
und neben das Klo.
Habe mich betrunken an dir,
habe dich mit Schwärmerei
und Einsamkeit verwechselt.
Habe mich zum Trottel gemacht,
weil ich dachte,
das muss so für dich Liebe.
Ich versteh dich nicht,
ich gebe das jetzt auch einfach auf.
Du hast viele Menschen in den Wahnsinn getrieben,
ich bin schon verrückt genug,
und wenn ich auch nur verrückt nach dir bin.

Aber zum Schluss nur noch eine Frage,
liebe Liebe.
Eine Frage bleibt.

Wer zur Hölle ist Valentin?

Sommertag

Der blaue Himmel verspricht Sommer,
zumindest für einen Tag.
Die Vögel singen von Fernweh
und mein Herz will sich verlieren
in einer Erinnerung,
die erst noch erlebt werden will.

Die Sonne brennt diesen Sommer in mein Herz.
Die Polkappen und Herzklappen schmelzen,
bis das Grau der Enttäuschung
dem Bunt des Lebens gewichen ist.

Die Waagschale der Wahrheit
neigt sich etwas mehr der Fantasie entgegen.
Alles scheint möglich,
alles ist lebendig,
alles ist wach.

Ich will mir die Beine vom Körper
und die Gedanken aus dem Kopf tanzen.
Ich will die Welt umarmen
und die Zeit festhalten.
Den Kopf in den Wolken,
Schäfchenzählen.
Ich suche jemanden zum Durchbrennen,
Abreisedatum war gestern
die Rückkehr ungewiss.
Nur gen Meer,

immer Richtung Meer.

Mehr sehen,
mehr fühlen,
mehr leben.
Morgen ist ein anderer Tag.
Morgen ist eine andere Zeit,
morgen ist nicht heute.

Die Zeit fliegt und nimmt mich mit.
Sie breitet ihre Schwingen aus
lässt mich vergessen,
wer ich bin.

Schwerelos schwebe ich über allem
und komme nicht mehr runter
vom Trip meines Lebens.
Nichts ist zu groß,
nichts zu wagemutig.
Der nächste Schuss Leben wird
in meinen Adern lebendig,
pulsiert im Herzen
steigt mir zu Kopf
und ich steige aus.

Raus aus dieser Stadt,
raus aus dem alten Leben.
Rein in das Ungewisse,
das Neue,
die Zukunft.

Firlefanz ist kein Wort.
Firlefanz ist eine Lebenseinstellung.

Die Welt ist zu groß,
aber nicht groß genug
für meinen Kopf.
Überall Möglichkeiten,
nirgends Grenzen,
die Zeit setzt mich im Konjunktiv ab
und ich spiele im Gedankenbällchenbad,
bis sie mich wieder abholt.

Zwischendurch baue ich
mehrere große Träume
aus den Bausteinen meiner Vergangenheit.
Lasse sie platzen wie bunte Seifenblasen
und mich berieseln vom Gefühl,
dass alles endlich ist.

Der Sommer ist noch lang,
auch wenn das Wetter sich ändert.
Der Sommer ist noch lang
und will verlebt werden.

Sonnencreme als Parfüm auf der Haut.
Eis und Bier als Grundnahrungsmittel im Bauch.
Den Geruch von geschnittenem Rasen
und gegrilltem Fleisch in der Nase.
Sommersprossen klettern meine Nase herauf

und nisten sich zusammen mit den Flausen
in meinem Kopf ein.
Sie machen es sich so richtig gemütlich
und lassen die Sommersoundtracks
durch die Ohren dröhnen.

Die Füße können sich nicht mehr halten
und beginnen ganze Tage zu vertanzen.
Das ist kein Laufen mehr,
das sind keine Schuhe,
die Welt ist eine Tanzfläche,
der leichte Sommerwind in den Bäumen
gibt den Rhythmus vor
und die tanzenden Schatten der Blätter
sind unser Strobo Licht.

Die Tage werden länger,
bevor sie wieder kürzer werden
und ein Tag scheint wie ein Leben.
Und jeden Abend stirbt ein Stück Sommer,
und jeden Tag erwacht ein Stück Sommer
neu zum Leben.

Doch die biologische Uhr
der Jahreszeiten tickt.
Sie ist eine tickende Zeitbombe.
Irgendwann wird sie die Sommerlieder übertönen
mit bunten Blättern und Regen.

Bis dahin ist Sommer.